U1002055

中宣部2020年主题出版重点出版物
中国脱贫攻坚故事丛书

中国脱贫攻坚

“一镇三村”故事

国务院扶贫办　组织编写

中国出版集团
研究出版社

图书在版编目（CIP）数据

中国脱贫攻坚．“一镇三村”故事 / 国务院扶贫办
组织编写．-- 北京 ：研究出版社，2021.3
ISBN 978-7-5199-0848-5

Ⅰ．①中… Ⅱ．①国… Ⅲ．①扶贫－成就－中国
Ⅳ．① F126

中国版本图书馆 CIP 数据核字（2021）第 042559 号

中国脱贫攻坚 “一镇三村”故事
ZHONGGUO TUOPIN GONGJIAN “YIZHENSANCUN” GUSHI

国务院扶贫办 组织编写

责任编辑：寇颖丹

研究出版社 出版发行
（10011 北京市朝阳区安华里 504 号 A 座）

河北赛文印刷有限公司 新华书店经销

2021 年 6 月第 1 版 2021 年 6 月北京第 1 次印刷
开本：787 毫米 ×1092 毫米 1/16 印张：9.25
字数：65 千字

ISBN 978-7-5199-0848-5 定价：39.00 元

邮购地址 100011 北京市朝阳区安华里 504 号 A 座
电话（010）64217619 64217612（发行中心）

版权所有 • 侵权必究
凡购买本社图书，如有印制质量问题，我社负责调换。

“中国脱贫攻坚故事丛书”编审指导委员会

主　任： 刘永富　谭　跃

副主任： 欧青平　洪天云　陈志刚　夏更生　黄志坚

委　员： 海　波　陈武明　苏国霞　王光才　黄　艳　左常升
曲天军　杨　炼　许健民　桑　明　黄承伟　刘俊文
李富君　陆春生　李　岩　陈永刚

评审专家组：（按姓氏笔画排序）

于鸿君　王晓毅　艾四林　左　停　叶敬忠　向德平
刘晓山　张　琦　张志明　张丽君　陆汉文　和　龚
郑风田　郝振省　曹　立

“中国脱贫攻坚故事丛书”编写工作组

骆艾荣　阎　艳　吕　方　李海金　陈　琦

刘　杰　袁　泉　梁　怡　孙晓岚

目录

CONTENTS

01

Chapter

闽宁镇：东西部扶贫协作的成功案例

24年前，这里是一片茫茫戈壁滩。24年后，这里从风卷黄沙跑的“干沙滩”，变成了产业兴旺、百姓富裕的“金沙滩”。

闽宁镇——以福建和宁夏两省区简称命名的梦想之城，是解决西海固贫困问题的关键探索，是东西部扶贫协作的成功案例，是中国特色扶贫开发的重要实践，是中国共产党人民生情怀的伟大创举，是促进人类减贫事业的中国经验。

第一单元

心系西海固

1996 年 9 月，党中央决定实施东西对口扶贫协作，福建与宁夏建立了结对帮扶关系，时任福建省委副书记的习近平同志担任福建对口帮扶宁夏工作领导小组组长。闽宁对口扶贫协作的历史长卷由此展开。

第一组　昔日西海固

宁夏西海固地区干旱少雨，自然灾害频发，素有“苦瘠甲天下”之称，“一方水土难养一方人”。

西海固地区生存环境恶劣，旱灾频发，一片茫茫戈壁

吃 水 难

行 路 难

种 粮 难

第二组　决定建设“闽宁村”

1997 年 4 月，习近平来到宁夏，深入调查研究，提出了“以促进贫困地区经济发展为中心，以解决贫困地区群众温饱问题为重要任务”的对口扶贫协作指导方针，确立了联席推进、结对帮扶、产业带动、互学互助、社会参与的对口扶贫协作机制，决定建设闽宁村。

1997 年至 2016 年，习近平三次来宁夏，从提出兴建闽宁村到视察闽宁镇发展状况，深刻体现出习近平总书记对东西部扶贫协作的亲切关怀。习近平总书记指出：“闽宁镇探索出了一条康庄大道，我们要把这个宝贵经验向全国推广。”

习近平同志致闽宁村的贺信

在举国欢庆香港回归和庆祝中国共产党建党76周年的喜庆日子里，象征闽宁两省区友谊的闽宁村今天在这里隆重奠基了。我谨代表福建省对口帮扶宁夏领导小组，对闽宁村建设开工奠基表示热烈的祝贺！闽宁村的正式兴建，是闽宁两省区开展对口扶贫协作的一项重要成果。

坚持东部和中西部经济协调发展，这是我国国民经济和社会发展“九五”计划和2010年远景目标中的一项重要战略举措，是我们今后经济发展必须遵循的基本方针，体现了邓小平同志走共同富裕道路的重要思想。福建省正在认真按照闽宁对口协作第二次联席会议精神，抓好有关事项的组织实施。让我们共同祝愿，闽宁两省区对口扶贫协作更加健康发展，闽宁村早日建成，闽宁人民友谊长存。

福建省委副书记　习近平

一九九七年七月十五日

1997年7月15日，闽宁村建设开工仪式在当地举行。
习近平同志发来贺信

1997 年 7 月 15 日，福建省与宁夏回族自治区签署
福建宁夏对口扶贫协作第二次联席会议纪要

1997 年 7 月 15 日，闽宁村建设开工仪式

第二单元

改天换地

24 年来，闽宁镇干部群众开挖引黄沟渠，开垦不毛之地，人拉肩扛、建房修路，防沙治沙，发展产业，扶贫扶智扶志，苦干实干，建设美好新家园。

第一组 改善生存环境

将居住在西海固地区部分“不适宜生存地”的贫困群众，吊庄搬迁到银川河套平原待开发荒漠地区从事开发性生产。

西海固移民搬迁

垦荒造田

开辟道路

兴修水利

植树造林

第二组　携手攻坚

24 年来，福建省对闽宁镇的帮扶从未间断，特别是党的十八大以来，福建从产业、资金、技术、人才等方面进一步加大了帮扶力度，更加有效地激发了贫困群众的内生动力，增强了贫困群众摆脱贫困的信心。

闽宁产业园

1997 年，时任福建农林大学菌草研究所所长的林占熺带领技术人员来到闽宁村，手把手帮助移民种植菌草。2018 年建成宁闽合发双孢菇工厂化栽培示范基地，带动 240 名移民就业。目前，总投资 4500 万元的一期项目已经顺利投产，可实现年工厂化养殖销售双孢菇 1200 吨，年销售收入 1000 余万元。

帮助移民种植菌草

闽商陈德启建成万亩葡萄园，种植葡萄面积近 3 万亩，吸纳当地就业 2500 人，用工高峰期时解决就业 4000—5000 人。

万亩葡萄园喜获丰收

闽商许上等创办的麦丽燕服饰走向国内外，年培训移民 300 多人，解决贫困群众就业 60 多人。

麦丽燕服饰车间

福建省漳州市角美镇援建的永宁县闽宁镇角美小学

福建省援建的闽宁中学，走出了一大批优秀人才，在闽宁镇巨变中发挥了特殊作用。

福建省援建的闽宁中学

闽宁镇妇女素质提升培训项目启动仪式

第三组　产业带动

党的十八大以来，闽宁镇所辖六个行政村因村制宜，谋求发展，脱贫之路越走越宽。

种葡萄、兴商贸，武河村户户有新招。

武河村商贸一条街

流转地、引企业，原隆村多业并举成规模。华盛绿能“光伏 + 农业”落户原隆村，开辟了科技扶贫新模式。

华盛绿能“光伏 + 农业”落户原隆村

种枸杞、树品牌，木兰村办起合作社。

木兰村枸杞合作社种植基地

种饲草、养牛羊，玉海村养殖见成效。

玉海村饲料玉米种植基地

办车间、促商贸，福宁村依托区位求发展。

福宁村60多名移民妇女在企业务工

引特色、兴设施，园艺村走出新路子。落户园艺村的闽南养殖公司发挥龙头带动作用，解决销售难问题。

闽南养殖公司园艺村海闽养殖公司的羊只养殖

树立务工新观念。劳务经纪人王月英现在已发展外出务工姐妹近百人，年人均务工收入 2 万多元。

王月英（中）为务工姐妹进行现场培训

只要肯吃苦，日子没有过不好的。武河村农民王文武、杨金莲靠养黄牛盖起了二层小楼。

王文武、杨金莲在自家二层小楼前留影

第三单元

“干沙滩”变“金沙滩”

红瓦白墙，绿树成荫，农家小楼鳞次栉比，田间地头笑语欢声；产业兴旺，百姓富裕，历经24年闽宁帮扶，闽宁镇干部群众大胆探索，苦干实干，终于让“干沙滩”变成“金沙滩”，开创了今日闽宁一片新天地，走出了一条东西协作脱贫致富的康庄大道。

闽宁镇全景航拍图

1. 水利配套齐全。

北五沟水库拦蓄了山洪，并被用于人畜饮水

2. 道路纵横畅通。

201 国道穿越闽宁镇，镇区道路连通四面八方

3. 居住环境明显改善。

移民新居

4. 公共服务设施齐全。公共服务水平不断提升，移民群众就医条件显著改善。

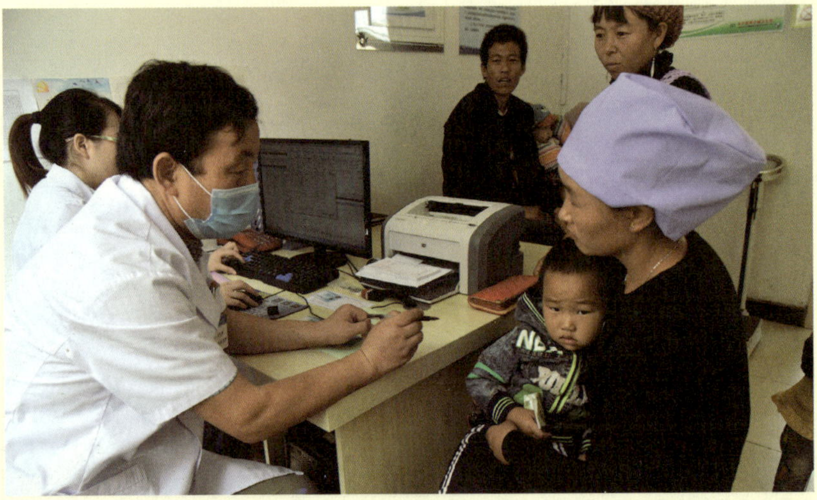

闽宁镇群众就医

5. 精准扶贫拔掉“穷根”。

2016 年度闽宁镇建档立卡贫困户“4+1+1”精准脱贫分红仪式

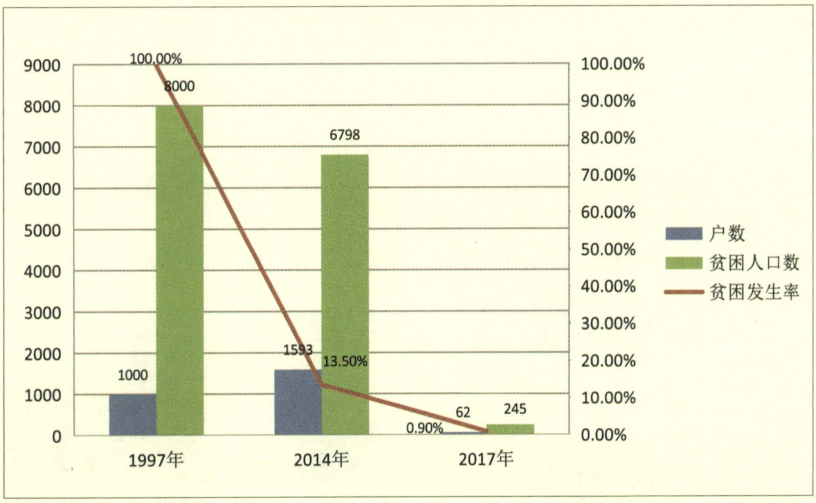

闽宁镇 1997 年、2014 年、2017 年贫困人口及贫困发生率统计表

6. 农民收入稳步增加。

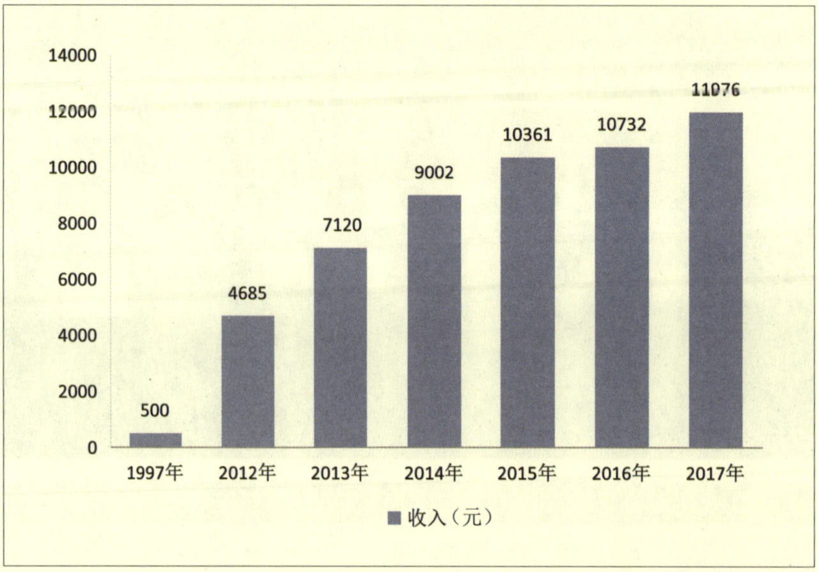

闽宁镇农民 1997—2017 年人均收入变化表

7. 生态环境发生巨变。

穿越闽宁镇的乌玛高速被葡萄长廊和林带环绕

闽宁镇展望

闽宁镇要打造成为：

⊙ 全国东西扶贫协作示范镇

⊙ 生态移民示范镇

⊙ 现代农业示范镇

⊙ 新农村建设示范镇

⊙ 深化改革示范镇

02

Chapter

十八洞村：精准扶贫首倡地

十八洞村，地处全国集中连片特困地区之一的武陵山区。这里山大沟深，交通滞碍，苗歌“三沟两岔山疙瘩，红薯洋芋苞谷粑；要想吃顿大米饭，除非生病有娃娃”，真实反映了十八洞村精准扶贫之前的贫困状况。

2013年11月3日，习近平总书记带着对贫困群众的牵挂，来到十八洞村，首次提出“精准扶贫”重要论述。

精准扶贫从此启航。十八洞村从“大水漫灌”到“精准滴灌”，从找准“贫根”到开出“良方”，从“物质脱贫”到“精神脱贫”，从“脱贫”到“既脱贫又脱单”，2016年率先在湖南脱贫退出，人均纯收入从2013年的1668元提高到2017年的10180元，贫困发生率由56.8%下降到1.37%，苗寨面貌焕然一新。

第一单元

昔日山村贫困记忆

十八洞村平均海拔 700 米，属高山岩溶地貌，为纯苗族居住区，辖梨子寨、当戎寨、飞虫寨、竹子寨 4 个自然寨，6 个村民小组，共 240 户 946 人，耕地面积 817 亩。

十八洞村中心村现状平面图

1. 贫困度深、贫困面广。

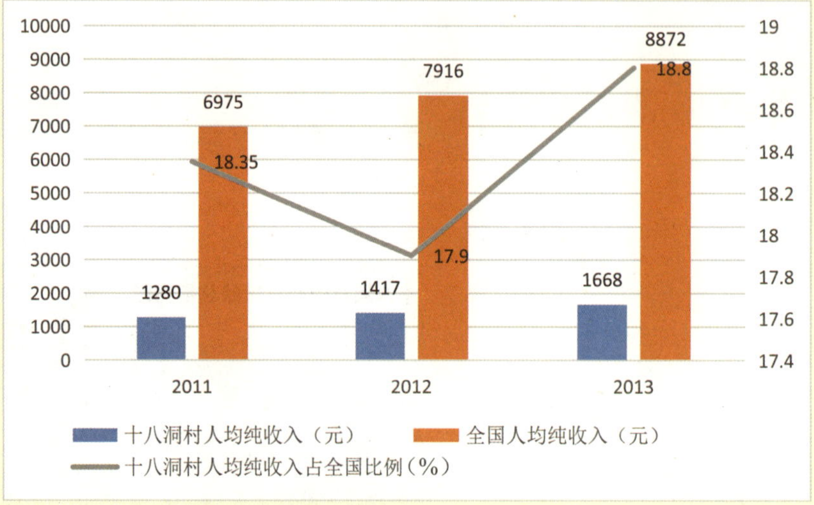

2011—2013 年十八洞村人均纯收入与全国平均水平对比

2. 水电路信房等基础设施滞后。

2013 年初，石拔专等村民住房状况

2012 年 6 月 20 日，隆成忠家点蜡烛照明

3.“三留守”人员多。全村 42.6% 的劳动力外出务工。

2013 年 8 月 3 日，“空巢老人”隆巴陆家生活状况

4. 人心涣散，“等靠要”思想严重。

2013 年 10 月修进村公路时部分村民阻工

5. 单身汉多。到 2013 年底，全村未婚大龄男青年有 38 人。

2013 年 9 月 20 日，部分单身青年在一起聊天

第二单元

“精准扶贫”在此启航

2013年11月3日，习近平总书记来到十八洞村。他充满深情地说：“我这次到湘西来，主要是看望乡亲们，同大家一起商量脱贫致富奔小康之策。”总书记的到来，犹如一缕春风，给苗寨带来了生机和希望。

1. 2013 年 11 月 3 日，习近平总书记在村民施成富家的院坝座谈，提出“实事求是、因地制宜、分类指导、精准扶贫”的十六字方针。

习近平总书记与村民亲切交流

我正式提出“精准扶贫”就是在十八洞村。

——习近平

2. 精准选好带头人。

2014 年 6 月 4 日，村委会改选现场

3. 精准派人。花垣县委选派懂扶贫、作风硬的党员干部到十八洞村开展驻村帮扶。

2014 年 2 月 23 日，驻村工作队与村干部商讨精准扶贫工作

4. 精准识贫。制定识贫标准和程序。2014 年精准识别建档立卡贫困户 136 户 533 人。

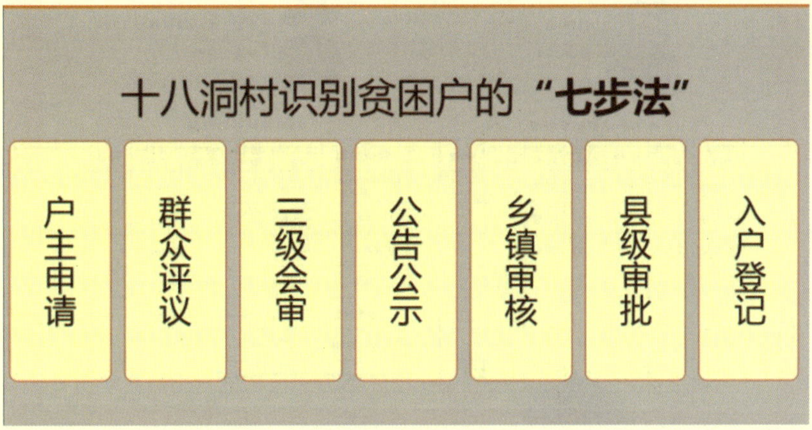

十八洞村识别贫困户的“七步法”

5. 精准施策。根据致贫原因，结对帮扶责任人为每个贫困家庭“量身定做”帮扶措施。

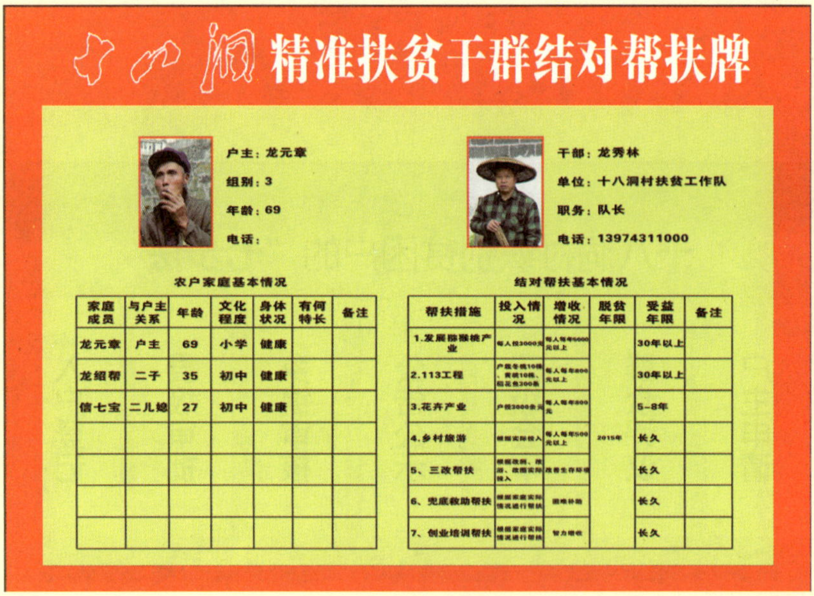

十八洞村精准扶贫干群结对帮扶牌

6. 组建“青年突击队”。

2014 年 8 月 4 日“十八洞村青年突击队”宣誓列队

7. 开设道德讲堂。

2014 年 6 月 9 日“十八洞村道德讲堂”开讲

8. 推行“思想道德星级化管理”模式。

思想道德建设星级化管理模式五星级家庭牌

9. 着力激发内生动力。每年评选表彰“自主脱贫”典型。

2017 年度“11 · 3”纪念日“自主脱贫”颁奖现场

10. 精准培训提技能。

花垣县赴深务工人员

11. 精准扶产业。按照“四跟四走”思路，组建农旅等8个专业合作社。

2016 年 2 月 20 日，游客在贫困户施俊经营的“农家乐”感受苗家“长龙宴”

12. 步步高集团投资3000多万元建设的“十八洞村山泉水厂”于2017年10月8日正式投产，已为贫困户提供就业岗位30多个，每年可为村集体经济创收80多万元。

十八洞村山泉水厂

13. 十八洞村与苗汉子公司“联姻”共建的1000亩精品猕猴桃基地，贫困户由村民变“股东”。

1000亩精品猕猴桃基地

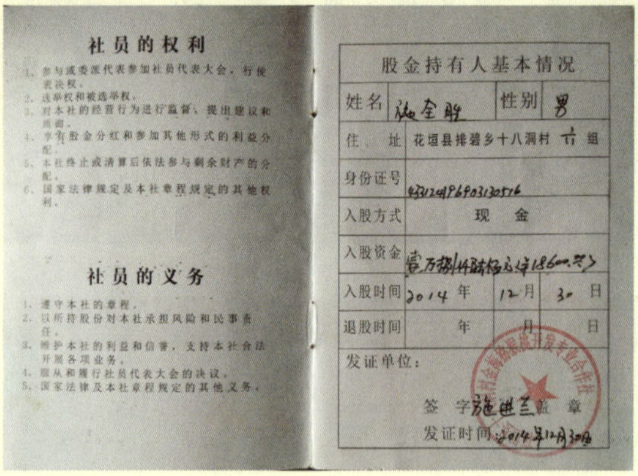

社员的权利

1、参与或委派代表参加社员代表大会，行使表决权。
2、选举权和被选举权。
3、对本社的经营行为进行监督、提出建议和质询。
4、享有股金分红和参加其他形式的利益分配。
5、本社终止或清算后依法参与剩余财产的分配。
6、国家法律规定及本社章程规定的其他权利。

社员的义务

1、遵守本社的章程。
2、以所持股份对本社承担风险和民事责任。
3、维护本社的利益和信誉，支持本社合法开展各项业务。
4、服从和履行社员代表大会的决议。
5、国家法律及本社章程规定的其他义务。

股金持有人基本情况

姓名		性别	男
住址	花垣县排碧乡十八洞村　组		
身份证号			
入股方式	现金		
入股资金			
入股时间	2014 年	12 月	30 日
退股时间	年	月	日

发证单位：

签字 施进兰 盖章

发证时间

贫困户领取的股权证书

14. 编织民生保障网。

家庭签约医生上门服务

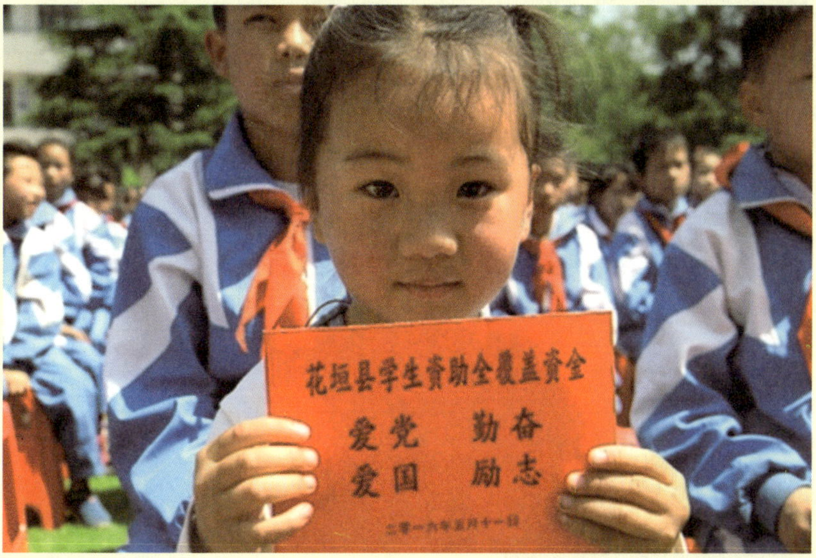

贫困学生领取助学金

十八洞村扶贫资金使用效益情况统计表（2014.1—2018.9）

资金使用方向		拨付资金（万元）	受益总人口（人）	受益建档立卡贫困人口（人）	受益人口年均增收（元）
产业扶贫	1. 特色产业：扶持种植业 1500 亩、合作社 8 个	400	946	512	1353
	2. 旅游扶贫：扶持农家乐 9 家	800	946	512	1902
	3. 电商扶贫	2	946	512	61
	4. 其他：扶持腊肉、苗绣、十八洞水厂等	120	946	512	2269
就业扶贫	职业技能培训 531 人次	2.61	248	248	2200
危房改造	就地修缮加固 207 户	372.8	811	415	/
保障扶贫	兜底保障 13 人	7.214	13	13	2774
健康扶贫	补贴新农合医保、购买重大疾病商业补充险	9.16	946	512	/
教育扶贫	资助学前教育 84 人、义务教育 142 人、普通高中 5 人、中等职业教育 7 人、普通高校 8 人	51.45	246	246	/
村庄整治	/	427.8	946	512	/
生态保护	/	8	13	13	2051
基础设施	修建通村道路 4.2 公里、机耕道 4.5 公里、水渠 3.783 公里、改善农田 350 亩	277.17	946	512	200
合计		2478.204	/	全覆盖	

15. 十八洞村变富变美了。按照习总书记“不搞特殊化，但是不能没有变化”的指示，采取“统一规划、保持原貌、节俭实用、协调美观”的原则，积极推进“六到户”工程和“五改”工程，发挥资金使用效益最大化。

16. 青瓦、青石板路、泥巴墙，让人记得住乡愁。

改造后的村寨一角

17. 村小教室变得明亮了。

改造前后的村小教室对比

18. 爱心企业（人士）助力攻坚。

中建五局与中海集团捐建村民服务中心

爱心人士捐资改造农网施工现场

中国邮政湖南分公司“以购代捐”认捐仪式

第三单元

今日苗家幸福生活

挥汗脱贫不畏苦，春华秋实应有时。过去的五年，十八洞村全面落实习近平总书记关于“精准扶贫”的重要论述，下足“绣花”功夫，结出了累累硕果，成为湖南第一批脱贫“摘帽”村，30 名大龄青年成功脱单，人居环境和村民精神面貌焕然一新。

1. 2013 年十八洞村人均纯收入为 1688 元，2017 年十八洞村人均纯收入为 10180 元，是 2013 年的 6.1 倍。

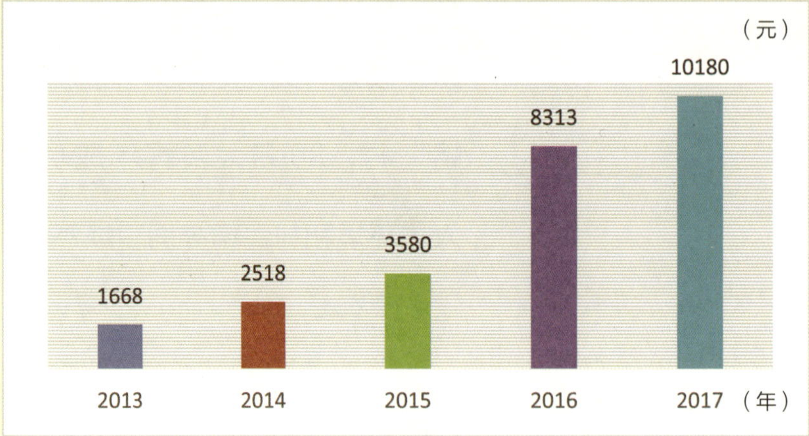

2013—2017 年十八洞村人均纯收入

2. 2013 年十八洞村贫困发生率为 56.8%，远高于全国贫困发生率；2017 年十八洞村贫困发生率为 1.5%，低于当年全国贫困发生率。

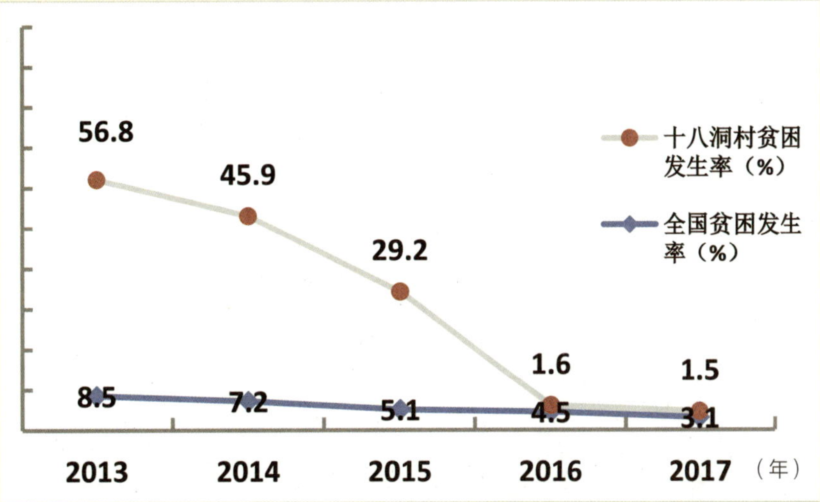

2013—2017 年十八洞村与全国贫困发生率对比

3. 十八洞村 2016 年底实现率先脱贫退出。

十八洞村村民着盛装欢庆脱贫

十八洞村村民荡“八人秋”欢庆脱贫

4. 截至2018年，十八洞村已有25名大龄青年成功脱单。

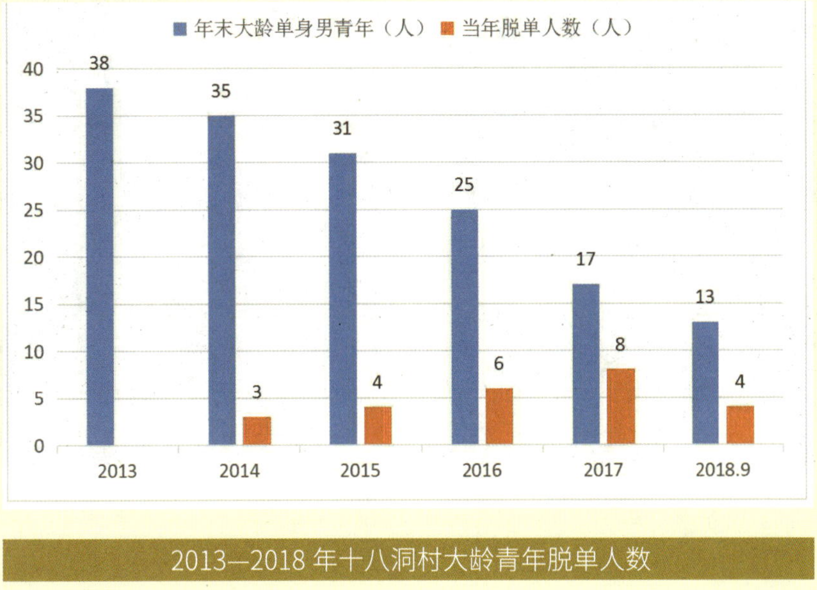

2013—2018年十八洞村大龄青年脱单人数

5. 脱贫群众脱贫且脱单，开展“相约十八洞，牵手奔小康”活动。

44 岁的男青年施六金，在婚礼上激动地说：“现在，我脱贫又脱单了。谢谢习总书记，谢谢党的精准扶贫政策！”

6. 十八洞村新貌。

美丽的十八洞村

7. 十八洞村近年荣获的部分荣誉匾牌。

十八洞村荣获的部分荣誉匾牌

8. 风起苗寨，十八洞开。十八洞村的精准扶贫经验，推向全国。

各大媒体聚焦十八洞村精准扶贫

9. 十八洞扶贫方案走向世界。

老挝人民革命党中央总书记、国家主席本扬考察十八洞村

第四单元

新时代踏上新征程

今天的十八洞村正站在新的历史起点，广大党员干部心怀感恩、满怀豪情，构建脱贫攻坚长效机制，着力打造美丽乡村和基层党建“升级版”，着力实施习近平总书记提出的乡村振兴战略，努力开创更加辉煌的明天。

1. 2017 年 10 月 18 日，十八洞村民集中收看党的十九大盛况。

十八洞村村民集中收看党的十九大盛况

2. 站在新起点的十八洞村正朝着新的目标攀登。

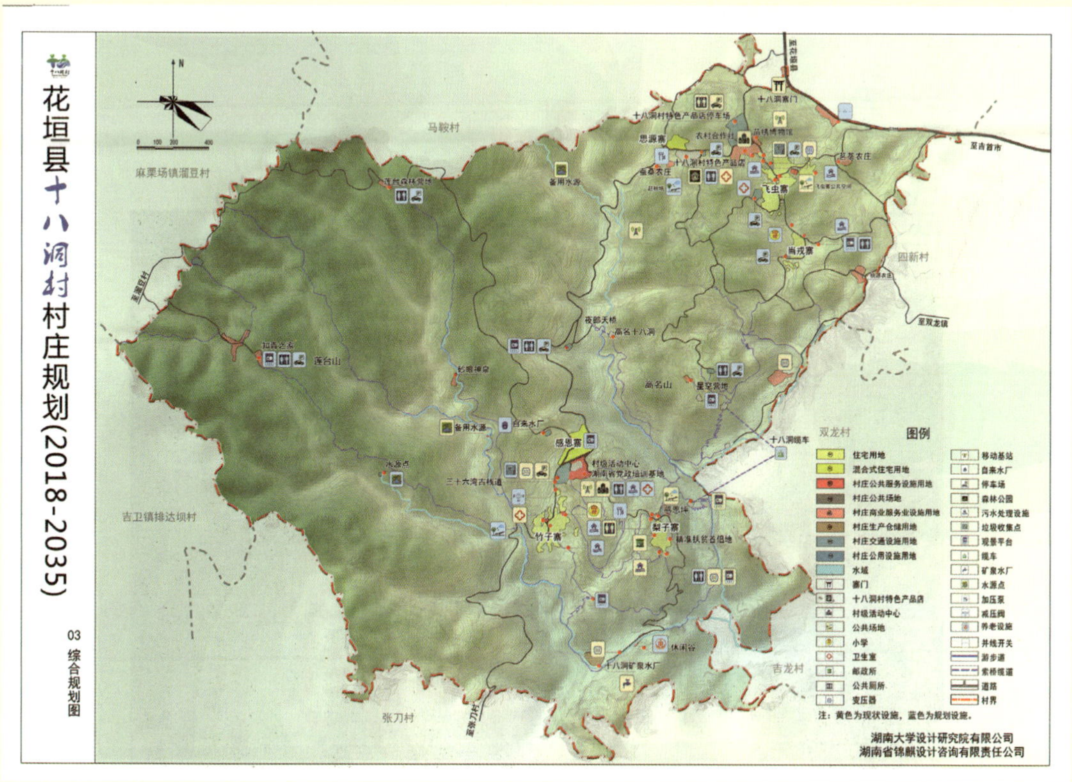

十八洞村 2018—2035 年村庄规划图

3. 十八洞村正在召开农旅农民专业合作社成立大会。

农旅合作社成立大会

十八洞村脱贫启示：

1. 紧扣“精准”魂——必须全面贯彻习近平总书记“六个精准”扶贫论述，做到扶持对象精准、项目安排精准、资金使用精准、措施到户精准、因村派人精准、脱贫成效精准。

2. 除去“软骨”病——必须强化内因的根本作用，建强村党支部，坚持内外因相结合的发展思维，将扶贫与扶志、扶智相结合，不断激发内生动力。

3. 苦练“造血”功——必须找准本地产业发展的突破口和着力点，注重产业发展的长期性、持续性，走特色产业发展之路。

4. 打好“组合”拳——必须坚持专项扶贫、行业扶贫、社会扶贫“三位一体”大扶贫格局，动员和凝聚全社会力量广泛参与，形成合力。

5. 走稳“特色”路——必须坚持因地制宜，根据群众意愿和基层实际，进行科学规划。村庄治理不搞大拆大建，保持原生态风貌风情，打造特色村寨。只有这样，发展才能行稳致远，创造的经验才能可复制、可推广。

脱贫后的十八洞村

十八洞村组织成亲活动

03

Chapter

海雀村：党政主导、艰苦奋斗成就幸福

海雀村位于贵州省赫章县河镇乡东北部，距县城 110 公里，平均海拔 2300 米，为高寒山区。全村总面积 11.87 平方公里，耕地面积 1780 亩，林地面积 13400 亩。辖 5 个村民组，全村 222 户 871 人，其中苗族占 95%，彝族占 5%。由于自然环境恶劣，海雀村成为黔西北的边远贫困典型。

党的十八大以来，海雀村党支部着力实施精准扶贫、精准脱贫方略，探索出了“瞄靶子、梳辫子、结对子、理路子、想法子、找票子、甩膀子、强班子、凑份子、造册子”的“十子法”，大力推进基础设施、生态环境、民生事业、精神文明等建设，强化特色优势产业发展。2016 年，海雀村退出贫困村序列。

“海雀”彝语为“源泉”之意。今天，“海雀”真正成了海雀人的幸福源泉。

第一单元

脱贫攻坚

20 世纪 80 年代，海雀村山高坡陡，土地贫瘠，生态恶劣，自然灾害频繁，25 度以上陡坡耕地占 90%，森林覆盖率不足 5%。1985 年，人均纯收入仅 33 元，人均占有粮食仅 107 公斤。截至 2012 年，该村仍有贫困人口 91 户 360 人，贫困发生率高达 44.3%，到 2014 年贫困人口降至 54 户 214 人，贫困发生率降到 25.8%，其中因学致贫 2 户 7 人，缺劳力致贫 7 户 14 人，缺技术致贫 20 户 84 人，缺资金致贫 25 户 109 人。

第一组　贫困典型

1. 昔日海雀。

昔日海雀

2. 衣不蔽体。

1985 年海雀村村民的衣着

3. 食不果腹。

1985 年海雀村农民生活拮据

4. 人畜同居。

1985 年海雀村农民人畜同居

5. 20世纪80年代海雀村水土流失严重，海雀村的房屋破败不堪。

水土流失严重

破败不堪的茅草房

第二组　啃“硬骨头”

1. 在决战决胜脱贫攻坚中，海雀村党支部始终坚守“有了党的好政策，更争气”的朴素想法，正视贫困，不畏艰辛，宁愿苦干，不愿苦熬，探索出了“党政主导、社会参与、群众主体、自力更生、科学发展”的新路子。

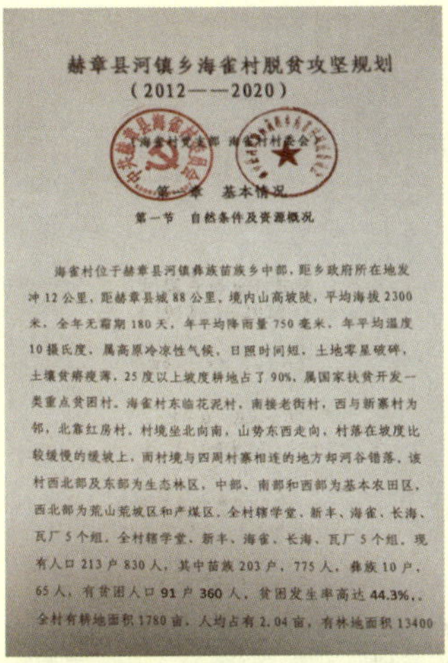

赫章县河镇乡海雀村脱贫攻坚规划
（2012——2020）

第一章　基本情况

第一节　自然条件及资源概况

海雀村位于赫章县河镇彝族苗族乡中部，距乡政府所在地发冲12公里，距赫章县城88公里，境内山高坡陡，平均海拔2300米，全年无霜期180天，年平均降雨量750毫米，年平均温度10摄氏度，属高原冷凉性气候，日照时间短，土地零星破碎，土壤贫瘠瘦薄，25度以上坡度耕地占了90%，属国家扶贫开发一类重点贫困村。海雀村东临花泥村，南接老街村，西与新寨村为邻，北靠红房村，村境坐北向南，山势东西走向，村落在坡度比较缓慢的缓坡上，而村境与四周村寨相连的地方却河谷错落。该村西北部及东部为生态林区，中部、南部和西部为基本农田区，西北部为荒山荒坡区和产煤区。全村辖学堂、新丰、海雀、长海、瓦厂5个组。全村辖学堂、新丰、海雀、长海、瓦厂5个组。现有人口213户830人，其中苗族203户，775人，彝族10户，65人，有贫困人口91户360人，贫困发生率高达44.3%，。全村有耕地面积1780亩，人均占有2.04亩，有林地面积13400

2012年海雀村“两委”制定的脱贫攻坚规划

村“两委”领导班子商讨扶贫策略

2.2015年海雀村精准扶贫“十子”机制示意图。

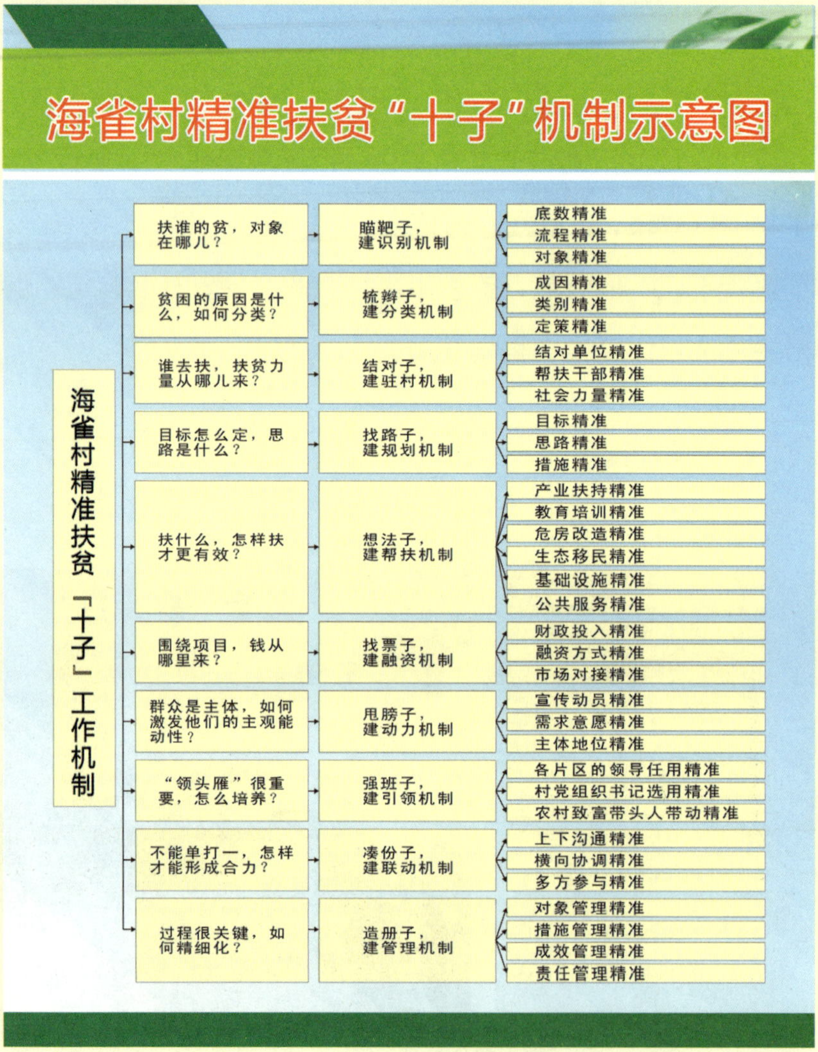

海雀村精准扶贫“十子”机制示意图

3. 2014 年村民代表大会表决精准扶贫贫困户。

村民代表大会表决现场

荒山披绿——狠抓生态建设，在生存环境上“争气”

1. 1988 年 6 月，国务院批准成立了毕节“开发扶贫、生态建设”试验区。海雀村是毕节试验区的组成部分之一。有了各级党委、政府和各民主党派及社会各界的关怀支持，海雀村人民艰苦奋斗，改变家乡面貌的信心高涨。

1987 年村民在党支部带领下植树造林

2. 坚守生态和发展两条底线。

海雀村村规民约

3. 1995年海雀村获得“全国造林绿化千佳村”荣誉称号、2014年获得“全国生态文化村”荣誉称号。

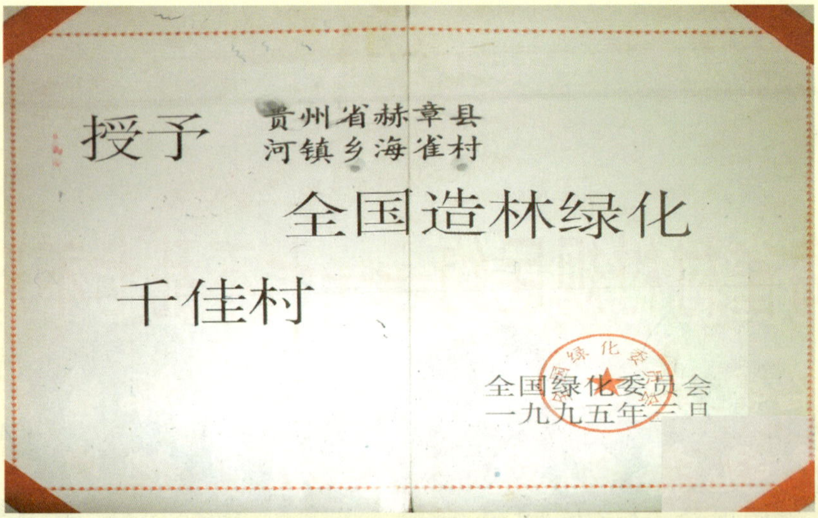

美丽新村——狠抓基础建设，在生活质量上“争气”

1. 1985 年，海雀村有瓦房 12 户、茅草房 114 户、杈杈房 42 户，家家户户人畜混居。海雀村党支部一方面积极争取上级支持，另一方面自力更生，对农户住房进行改造。

2015 年海雀村党支部关于危房改造“到村到户”工作落实提示图

2. 通过狠抓基础设施建设，海雀村户户用上了自来水。并实现了 5 个村民组连户路无缝对接和院坝硬化全覆盖，建成通村公路 14 公里、通组路 5.5 公里。全村实现了水、电、路、通信、广播电视“五通”，生产生活条件得到根本改变。

海雀村 2016 年实现通水、电、路、广播电视、通信“五通”

产业初聚——狠抓产业发展，在增产增收上“争气”

1. 海雀人贫穷的原因之一是没有农业产业做支撑。近年来，村“两委”通过采取流转土地、财政资金入股企业等措施，建成了一批“村社一体”的专业合作社。年产 20 万只的养鸡场每年为村集体经济增加 20 万元收入，54 户贫困户户均可在养鸡场分红 2727 元，养鸡场还吸纳了贫困群众 20 人就业，年人均收入 30000 元以上。

2015 年海雀村建的蛋鸡养殖场

2016 年入股企业分红大会

2. 海雀村充分利用自然资源优势，引进企业种植矮化苹果500亩，覆盖农户222户。通过建立利益联结机制，入股农户2018年户均增收3000元，2019年可突破10000元。

2017年苹果种植企业与贫困户签约仪式

种植苹果树

教育振兴——狠抓文化教育，从素质提升上“争气”

1. 文化教育落后是导致海雀村极贫极穷的重要原因。20 世纪 80 年代，全村只有 5 人上过小学，其余都是文盲。海雀村党支部决心教育振兴。

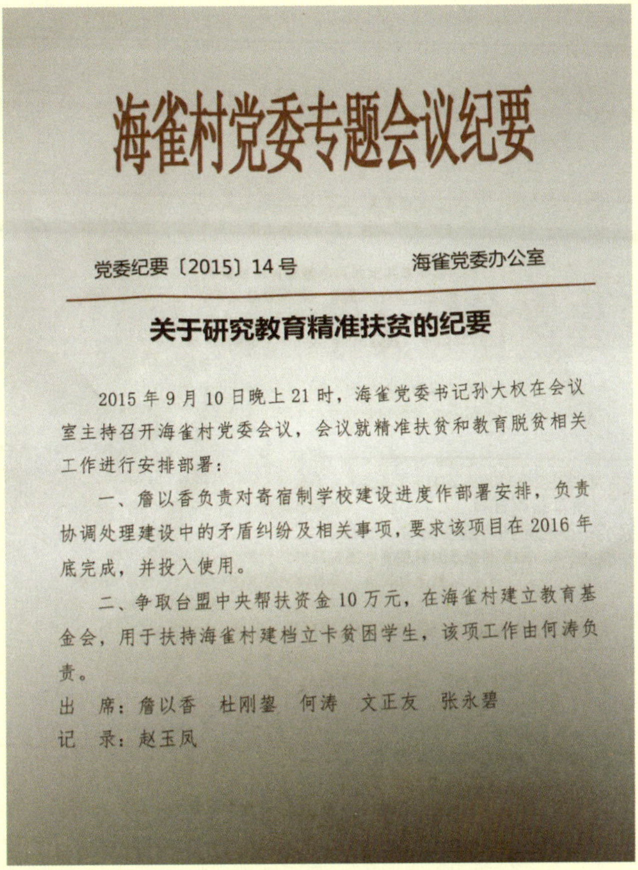

海雀村党委专题会议纪要

党委纪要〔2015〕14 号　海雀党委办公室

关于研究教育精准扶贫的纪要

2015 年 9 月 10 日晚上 21 时，海雀党委书记孙大权在会议室主持召开海雀村党委会议，会议就精准扶贫和教育脱贫相关工作进行安排部署：

一、詹以香负责对寄宿制学校建设进度作部署安排，负责协调处理建设中的矛盾纠纷及相关事项，要求该项目在 2016 年底完成，并投入使用。

二、争取台盟中央帮扶资金 10 万元，在海雀村建立教育基金会，用于扶持海雀村建档立卡贫困学生，该项工作由何涛负责。

出　席：詹以香　杜刚鋆　何涛　文正友　张永碧

记　录：赵玉凤

2015 年海雀村党委专题会议关于研究教育精准扶贫的纪要

2.通过教育精准扶贫，解决了海雀村师资、校舍问题，修建寄宿制学校1所，全村适龄儿童入学率达100%。同时对高中（中职）以上26名贫困家庭学生实施教育精准扶贫资助。

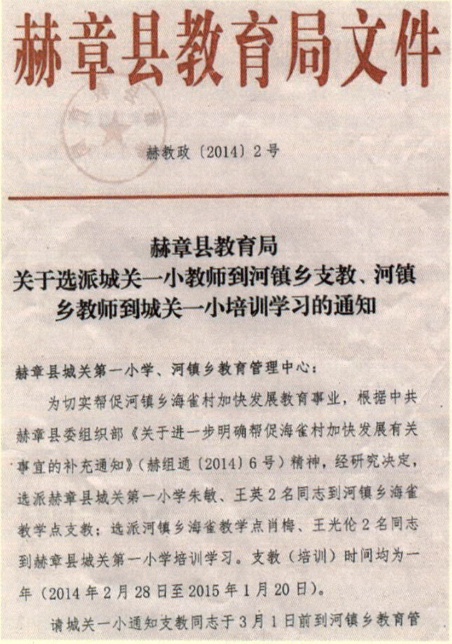

赫章县教育局文件

赫教政〔2014〕2号

赫章县教育局
关于选派城关一小教师到河镇乡支教、河镇乡教师到城关一小培训学习的通知

赫章县城关第一小学、河镇乡教育管理中心：

为切实帮促河镇乡海雀村加快发展教育事业，根据中共赫章县委组织部《关于进一步明确帮促海雀村加快发展有关事宜的补充通知》（赫组通〔2014〕6号）精神，经研究决定，选派赫章县城关第一小学朱敏、王英2名同志到河镇乡海雀教学点支教；选派河镇乡海雀教学点肖梅、王光伦2名同志到赫章县城关第一小学培训学习。支教（培训）时间均为一年（2014年2月28日至2015年1月20日）。

请城关一小通知支教同志于3月1日前到河镇乡教育管

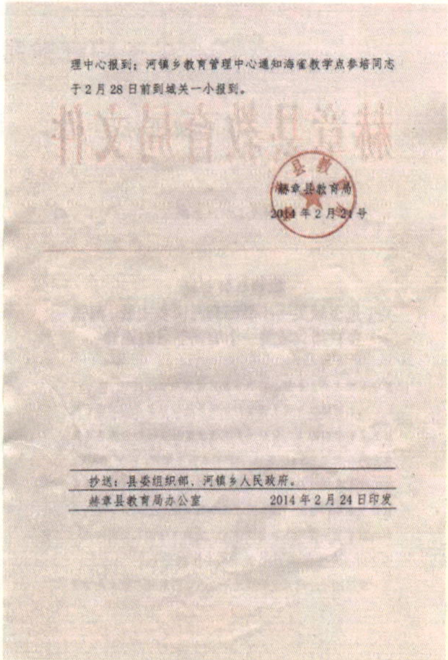

理中心报到；河镇乡教育管理中心通知海雀教学点参培同志于2月28日前到城关一小报到。

赫章县教育局
2014年2月24号

抄送：县委组织部、河镇乡人民政府。

赫章县教育局办公室　　2014年2月24日印发

2014年赫章县教育局关于选派城关一小教师到海雀村支教的通知

第二单元

“海雀”之变

党的十八大以来，通过党政主导及海雀人的持续奋斗，全村农民人均可支配收入从2012年的2680元增加到2017年末的8493元，增长了5813元，村集体经济积累达150万元，贫困人口从91户360人减少至4户14人（兜底户），贫困发生率从2012年的44.3%下降到2019年的0.85%，实现了从“荒山秃岭”到“林茂粮丰”的可喜变化。

第一组 脱贫成效

今日海雀

1. 从1987年冬开始，海雀人义务投工投劳，一代接着一代干，将全村30多个荒山头全部穿上了绿装。目前，全村共有林地13400亩，户均60.4亩，人均15.4亩，森林覆盖率从5%上升到70.4%，林木价值达8000万元以上，人均经济存量约10万元，实现了生态效应与经济发展“双赢”的目标。

今日海雀的万亩林海

2. 通过实施产业扶贫工程，海雀村养殖业和家庭经济得到发展。

2016 年海雀村村民王永方养殖的蜜蜂

3. 通过狠抓教育精准扶贫，目前，全村有小学文化 560 人，初中文化（含在校生）160 人，高中文化（含在校生）35 人，大学文化 9 人，他们为海雀村的发展起到了推动作用。

2016 年投入使用的海雀寄宿制小学

4. 欢乐在校园。

2014 年海雀小学学生在校园

5. 通过对海雀村农户的改造，到 2016 年，户户住上了美丽的黔西北民居。

2014 年改建的黔西北民居

6. 海雀村合作医疗参合率、养老保险参保率达 100%。

2018年城乡居民医保筹资登记表

登记乡镇/村：河镇乡 登记时间： 登记人： 联系电话：

序号	户主	参合姓名	性别	身份证号	电话号码	村组	医疗卡号	是否参保	人员属性	是否贫困	个人缴纳金额	部门代缴金额 财政	民政	计生	残联	备注

海雀村 2018 年居民医保筹资登记表、居民养老保险缴费证

7. 欢快劳动的苗族村民。

2016 年海雀村苗族同胞上山采摘松果

8. 幸福的彝族人家。

2017 年海雀村彝族同胞文正友一家在家看电视

第二组　远景规划

1. 进入新时代，海雀村党支部依据脱贫致富目标制订了海雀村远景发展计划。将把海雀村建设成为集“干部培训、廉政教育、文化体验、生态保护”为一体的乡村旅游示范村。

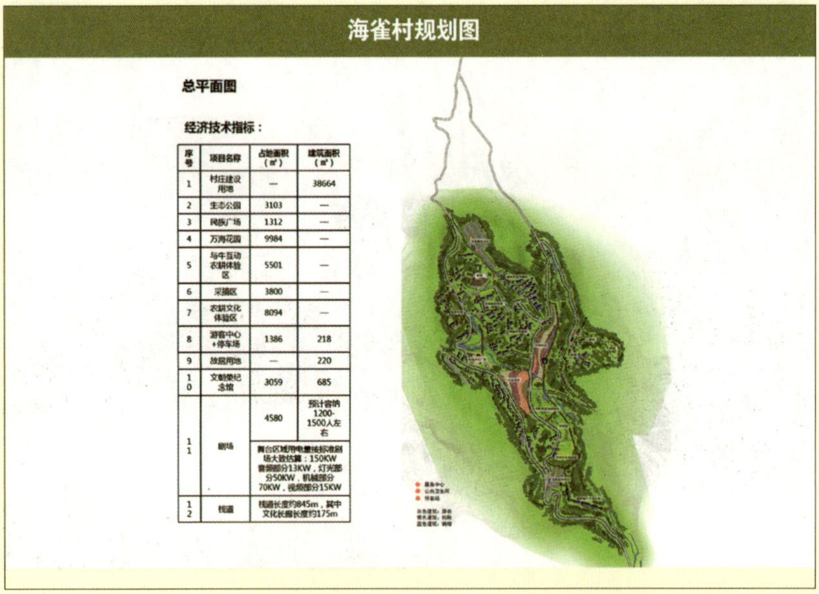

2018 年编制的海雀发展规划图

2.“脱贫是底线，致富是目标。”海雀人将以习近平总书记对毕节试验区的重要指示精神为指引，着力推动绿色发展、人力资源开发、体制机制创新，努力把毕节试验区建设成为贯彻新发展理念的示范区。做好同乡村振兴战略的衔接，努力实现海雀村未来发展新蓝图。

2018 年启动建设的民族文化广场效果图

旧貌换新颜的海雀村

04

Chapter

纯阳山村：绣好“精准扶贫”这朵花

四川省南部县纯阳山村位于川东北地区大型水库八尔湖淹没区，1958 年修建水库淹没了大量田地，人均耕地从 1.2 亩下降到 0.4 亩。该村资源匮乏、交通不便，群众生产、生活异常艰难。2012 年，全村人均纯收入 1892 元，仅为全国的 23.9%。2014 年，全村建档立卡贫困户 90 户 345 人，贫困发生率 34.6%。

新一轮精准扶贫以来，该村运用市场法则，创新工作机制，变资源为资本，狠抓脱贫产业，建设基础设施，启动旅游扶贫。2016 年退出贫困村序列，2017 年实现户户脱贫，被评为四川省“水美新村”，列为全省乡村振兴示范村。

四川省南部县纯阳山村，一个曾经的水淹村，人们在增收难、行路难、安居难等生产、生活的困境中煎熬了几十年，是典型的深度贫困村。党的十八大以来，该村向精准施策要效果，向创新机制要活力，向强基固本要动力，向党建扶贫要保障，走出了一条变劣势为优势的成功之路。把昔日的水淹贫困村建设成为水美新村和远近闻名的乡村旅游目的地。

现在的南部县纯阳山村

第一单元

创新机制

纯阳山村立足自身土地资源匮乏、交通闭塞的基本村情，探索出了一条党建扶贫引领、内生动力固本、五方联盟增收、村级自治强基、政策激励保障的精准扶贫机制创新之路。

第一组 资源匮乏

1. 2013 年 11 月 9 日，第 4 村民小组撂荒的土地。

2. 2014 年 12 月 2 日，第 3 村民小组荒芜的岸滩。

3. 2014 年 12 月 2 日，第 2 村民小组的土路。

4. 2014 年 12 月 2 日，第 1 村民小组王兴树曾经的家。

第二组　脱贫探索

探索党建扶贫的引领机制

南部县为克服辖区内行政关系互不隶属、资源分散和产业趋同可能带来的不利因素，探索跨行政区划建立产业党组织。产业党支部覆盖了纯阳山村，并在该村建立了5个党小组，充分发挥了党组织、党员骨干在产业扶贫中的战斗堡垒和示范引领作用。

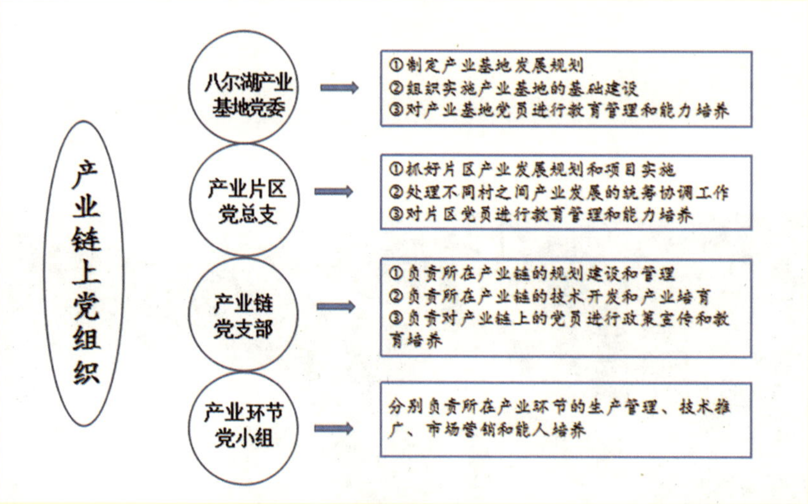

产业党组织示意图

1. 纯阳山村党员干部学习习近平总书记关于脱贫攻坚的重要论述，并研讨党建扶贫的引领机制。

2. 中共南部县委组织部关于成立大堰乡产业党组织的批复。

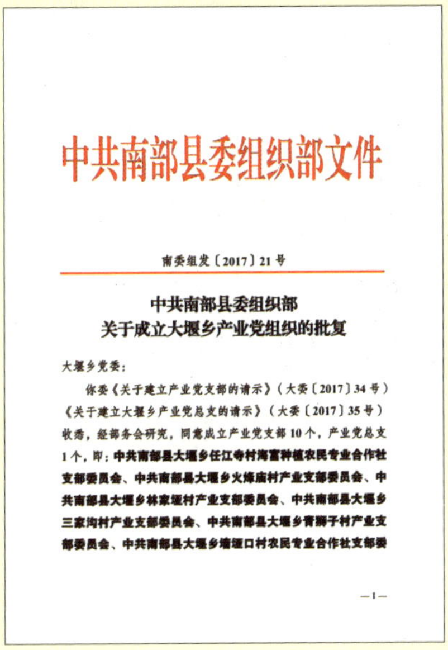

中共南部县委组织部文件

南委组发〔2017〕21号

中共南部县委组织部
关于成立大堰乡产业党组织的批复

大堰乡党委：

你委《关于建立产业党支部的请示》（大委〔2017〕34号）《关于建立大堰乡产业党总支的请示》（大委〔2017〕35号）收悉，经部务会研究，同意成立产业党支部10个，产业党总支1个，即：**中共南部县大堰乡任江寺村海富种植农民专业合作社支部委员会、中共南部县大堰乡火烽庙村产业支部委员会、中共南部县大堰乡林家垭村产业支部委员会、中共南部县大堰乡三家沟村产业支部委员会、中共南部县大堰乡青狮子村产业支部委员会、中共南部县大堰乡墙垭口村农民专业合作社支部委**

—1—

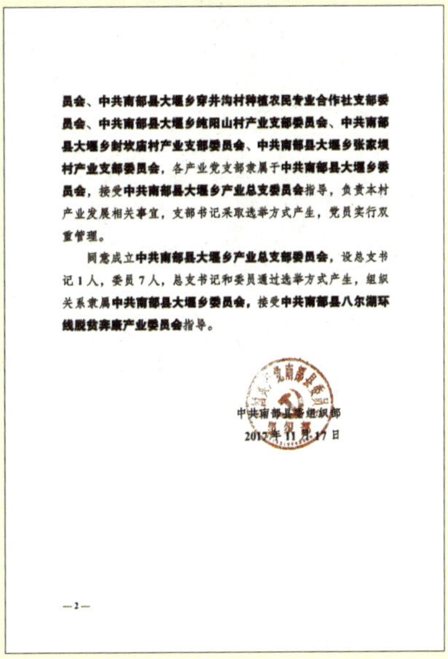

员会、中共南部县大堰乡穿井沟村种植农民专业合作社支部委员会、中共南部县大堰乡纯阳山村产业支部委员会、中共南部县大堰乡封坟庙村产业支部委员会、中共南部县大堰乡张家坝村产业支部委员会，各产业党支部隶属于**中共南部县大堰乡委员会**，接受**中共南部县大堰乡产业总支委员会**指导，负责本村产业发展相关事宜，支部书记采取选举方式产生，党员实行双重管理。

同意成立**中共南部县大堰乡产业总支部委员会**，设总支书记1人，委员7人，总支书记和委员通过选举方式产生，组织关系隶属**中共南部县大堰乡委员会**，接受**中共南部县八尔湖环线脱贫奔康产业委员会**指导。

中共南部县委组织部
2017年11月17日

—2—

3. 2018年4月8日，纯阳山村食用菌产业党小组在探讨提质增量问题。

纯阳山村食用菌产业党小组在探讨提质增量问题

3. 纯阳山村遵循市场法则，遴选主导产业，淘汰了面源污染严重、治污难度大的养殖场，兴办了市场前景广阔、经济效益良好的食用菌（灵芝）产业园。

食用菌（灵芝）产业园大棚内景

探索“三议五会”的村级自治机制

1. 纯阳山村凡涉及群众切身利益的重大事务，一律按照村“两委”提议、村民代表审议、全体村民决议的“三议”程序，自上而下宣传、自下而上决策，指导不拍板，群众说了算。用好村支委会、村民代表会、党员大会、村民小组会、院户会的“五会”平台，凝聚共识，让全体村民主动作为，参与管理。

“三议”群众工作法

2. 纯阳山村村民代表审议村级事务。

村民代表审议村级事务

探索政策激励机制

1.“幸福都是奋斗出来的。”纯阳山村坚持农户自愿申请、村“两委”审核审定，公平、公正、公示，多建多补、少建少补、不建不补、分期支付、过程监管的办法，发展

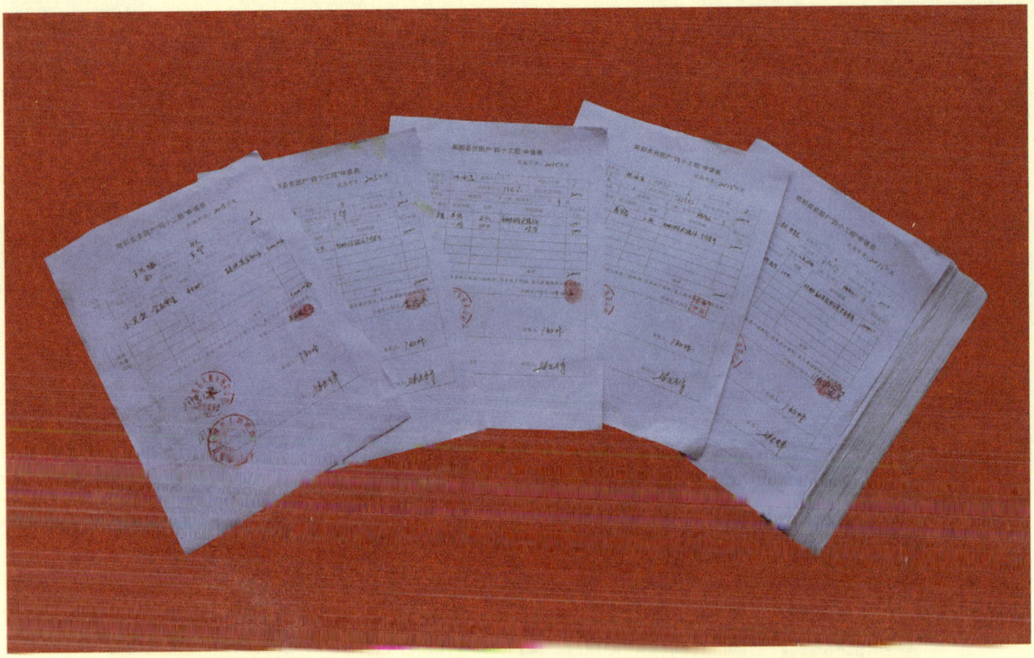

贫困户自愿申请户办产业

3. 2017年10月16日，贫困户王兴猛兴办的小商店。

贫困户王兴猛兴办的小商店

2. 2015 年 3 月 26 日，纯阳山村“两委”向全村公示到户产业补助资金方案。

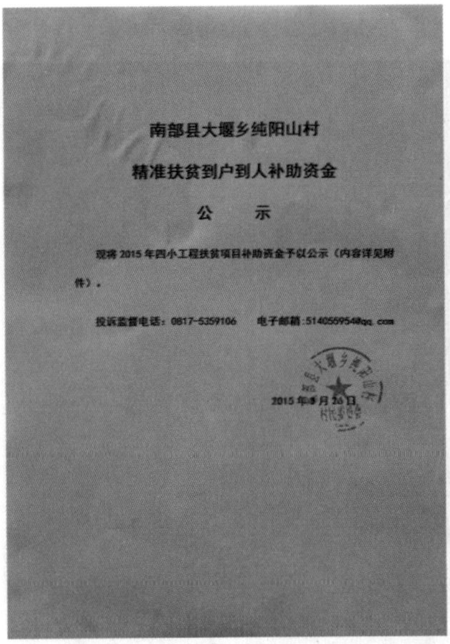

南部县大堰乡纯阳山村

精准扶贫到户到人补助资金

公　示

现将 2015 年四小工程扶贫项目补助资金予以公示（内容详见附件）。

投诉监督电话：0817-5359106　　电子邮箱：514055954@qq.com

2015 年[illegible]月 26 日

南部县大堰乡纯阳山村
精准扶贫到户到人补助资金公示表

序号	户主姓名	家庭人口	四小工程类别	项目内容	规模	补助资金（元）
1	[illegible]	5	小养殖	养鸡	100只	2000
2	[illegible]	8	小买卖	开办农家乐	餐桌8张、住宿床位6个、棋牌桌5张	3000
3	[illegible]	4	小买卖	食品销售	40平方米	5000
4	[illegible]	5	小庭院	柑橘	0.5亩	2000
5	[illegible]	3	小庭院	柑橘	0.6亩	2400
6	王 华	3	小庭院	柑橘	1亩	4000
7	[illegible]	4	小买卖	开办农家乐	餐桌15张、住宿床位6个、棋牌桌8张	7000
8	[illegible]	4	小庭院	柑橘	1亩	4000
9	[illegible]	2	小庭院	柑橘	0.5亩	2000
10	[illegible]	2	小庭院	柑橘	1亩	4000
11	[illegible]	3	小庭院	柑橘	1.1亩	4400
12	[illegible]	1	小庭院	柑橘	0.5亩	2000
13	[illegible]	3	小庭院	柑橘	0.5亩	2000
14	[illegible]	6	小庭院	柑橘	0.5亩	2000
15	[illegible]	7	小庭院	柑橘	0.7亩	2800
16	[illegible]	1	小庭院	柑橘	1亩	4000
17	[illegible]	5	小庭院	柑橘	1亩	4000
18	[illegible]	6	小买卖	餐饮	餐桌10张	3000
19	[illegible]	5	小庭院	柑橘	0.5亩	2000
20	[illegible]	2	小庭院	柑橘	0.5亩	2000
21	[illegible]	5	小庭院	柑橘	0.5亩	2000
22	[illegible]	5	小庭院	柑橘	0.5亩	2000
23	[illegible]	4	小庭院、小养殖	柑橘、养鸡	柑橘0.5亩、养鸡100只	4000

纯阳山村“两委”向全村公示到户产业补助资金方案